4º
LK. 15.

MÉMOIRE

SUR
LA NAVIGATION INTÉRIEURE
DU BERRI,

Par un des Membres de l'Administration Provinciale de cette Généralité, lu à l'Assemblée de 1780, & inséré au Procès-Verbal de ses Séances.

M. DCC. LXXXI.

MÉMOIRE
SUR
LA NAVIGATION INTÉRIEURE
DU BERRI.

Vous avez déja entendu, Meſſieurs, la lecture d'un Mémoire ſur les canaux, par un de vos Membres dont le zele infatigable s'étend ſur tous les objets qu'il croit intéreſſer le bien de la province ; il vous a montré depuis combien de tems on s'occupe de la navigation intérieure du Berri, qui depuis trois ſiécles a excité les regards, ſoit des Etats généraux du Royaume, ſoit des Rois les plus célébres & des Miniſtres les mieux intentionnés. Il vous a rappellé des principes dictés par la prudence qui ſont bons à retracer, & qui ne ſont faits que pour animer davantage le courage, toujours plus ſûr de réuſſir quand il s'unit à elle. De ſages précautions n'arrêtent jamais les efforts du zele ; elles ſe bornent à les diriger, de même que le courage qui ne les exclut pas, prémunit contre les incertitudes & prévient les lenteurs. C'eſt ainſi, Meſſieurs, qu'uniſſant le courage à la prudence, vous venez de briſer les fers de la corvée en nature, en y ſubſtituant, non une impoſition générale, souvent trop facile à détourner de fon objet, mais des contributions locales, tant pour la perception que pour l'emploi; & qu'en rectifiant, d'après le defir du Souverain, d'anciens ufages qu'il n'avoit rétablis que provifoirement, vous allez jouir de la douce fatisfaction de vivifier la province en faifant participer à fa profpérité, par les travaux mêmes qui la produiront, jufqu'au journalier qui arrofoit de fes fueurs & de fes larmes le terrein qu'il amélioroit par des communications utiles. Elles ont dû fans doute, Meffieurs, être le but de vos premiers foins; mais fi cet objet vous occupoit exclufivement, envain auriez-vous ouvert ces routes; vous n'auriez point affuré aux denrées du Berri ces débouchés faciles, à fon commerce cette circulation néceffaire, cette activité defirable, qui ne peuvent être que le fruit d'une navigation intérieure.

En effet, fi l'on compare les modiques frais d'une voiture par eau avec le prix d'une voiture par terre, quelle différence n'en réfulte-t-il pas pour le commerce ? Un chariot attelé de fix chevaux, conduit par deux hommes, ne porte que deux à trois milliers: deux mariniers fuffifent à un bateau chargé de trois cens milliers. Un feul bateau épargne donc & rend à la culture des terres le travail de huit cens hommes & de fix cens chevaux: la différence paroîtroit à peine croyable, fi les faits ne la démontroient pas. Il paroît conftant, fuivant les calculs les plus modérés, qu'il y a dans l'intérieur du Royaume, quarante mille chevaux & vingt mille hommes occupés à furcharger le prix des denrées & à détériorer les chemins qui exigent plus de cent mille hommes pour les réparer. C'eft ainfi que dans l'économie politique toutes les parties fe foutiennent & fe correfpondent, & que la confervation des chemins eft liée à l'exiftence des canaux;

que bien loin que les foins que vous vous donnez pour multiplier les communications par terre de la province, doivent détourner vos regards des canaux à faire, ils vous offrent au contraire un nouveau motif de vous en occuper. L'exiftence des canaux de Briare & de Loing, rend à la culture de quoi fournir à la fubfiftance de vingt-quatre mille hommes; ajoutez à ces avantages de tous les momens, ceux qui réfulteroient en tems de guerre d'une navigation intérieure du Royaume, pour porter des troupes, de l'artillerie, des munitions d'une extrémité à l'autre de fes frontieres, la diminution de la charge des convois militaires, fi onéreufe dans certaines circonftances, & dont le poids même feroit allégé dans tous les inftans; la facilité de tranfporter dans nos ports des bois propres à la conftruction de nos vaiffeaux, du milieu de nos forêts, & vous aurez l'idée de l'extrême utilité des canaux & d'une navigation intérieure.

Vous le favez, Meffieurs, qu'elle eft la vraie caufe de l'opulence des villes de Nantes, de Marfeille, de Bordeaux, de Lyon, d'Orléans; la ville de Bourges, la province entiere, peuvent acquérir les mêmes avantages. Au centre du Royaume, le Berri peut partager le commerce des provinces qui l'environnent; il peut participer avec elles à celui de l'Océan, de la Méditerranée, de l'Italie, de la Suiffe, de l'Allemagne, de la Hollande, de la Flandre, de l'Angleterre, de l'Efpagne. Il ne s'agit que de profiter des reffources que la nature lui a prodiguées; elle femble, en effet, appeller l'induftrie à fon fecours, pour faire communiquer nos rivieres & nos canaux avec les rivieres navigables, ou les canaux exécutés & projettés dans les provinces voifines. Vous n'ignorez pas que Bourges peut aifément communiquer par eau au *Cher*, & par lui à la baffe

Loire & à l'Océan : vous verrez qu'il n'eſt pas moins poſſible d'unir Bourges à la haute Loire, à la Seine, à la Saone, au Rhin, & peut-être même à la Garonne.

Vous aurez à déterminer, Meſſieurs, la direction *du Canal du Berri*. Je regarde comme abſolument néceſſaire d'avoir un canal qui ſe joigne à la Loire & à la Seine, ainſi qu'à la Saone, & qu'il puiſſe s'établir entre notre canal & ces rivieres une navigation réciproque. Outre ce canal principal, qui doit être la baſe fondamentale de la navigation intérieure de la province, il y a des rivieres différentes de celles qui doivent le former, qui méritent des travaux, par l'utilité qu'on retireroit de leur navigation ; & comme en général il eſt encore plus intéreſſant d'ouvrir à la province des débouchés pour exporter ſes denrées, que pour en importer des voiſines, il me ſemble qu'en traçant le canal, on peut ſe borner à rendre navigables le *Cher*, l'*Indre* & la *Creuſe*.

Je ne place point ici ce qui regarde l'*Auron*, dont j'aurai occaſion de parler, avec le canal, ni de l'*Arnon* & de la *Théols*, qui demandent quelques obſervations particulieres, mais dont je n'obmettrai pas de vous entretenir dans ce Mémoire.

D'après les projets formés en différens temps, les diverſes idées préſentées à votre examen, vous croirez peut-être utile, Meſſieurs, d'aſſeoir un plan général de navigation, de déterminer une marche à ſuivre, de vous occuper des moyens & des reſſources capables de réaliſer des entrepriſes auſſi intéreſſantes au bien-être de cette province & à ſon amélioration.

J'entreprends, dans ce Mémoire, de ſoumettre mes vues à vos lumieres : la maniere avec laquelle vous avez déja daigné accueillir mon zèle, m'inspire une douce confiance, qui l'anime & le fortifie.

Dans la première Partie, je considérerai l'ensemble du plan de navigation de la province, les débouchés & les communications qu'il lui présente, les avantages qu'elle en peut retirer.

J'entrerai dans les détails qui vous feront connoître le cours & la nature des navigations, dont il peut être utile que vous vous occupiez.

J'examinerai d'abord la communication avec la basse Loire, les communications avec la haute Loire & avec la Seine, opérations que je regarde comme la base de vos travaux, en vous présentant avec impartialité les avantages des diverses directions que vous pouvez donner au canal du Berri, soit dans sa partie septentrionale, soit dans sa partie méridionale, si vous rencontrez également pour toutes la possibilité physique de l'exécution qu'il y a lieu de présumer.

Ensuite je jetterai un coup d'œil sur les rivieres affluentes à ce canal.

Et je passerai de-là aux autres navigations des rivieres qui, sans y aboutir, présentent néanmoins des motifs puissans de ne pas les négliger.

Après cet exposé, je chercherai les moyens (si la nature n'y apporte pas d'obstacles invincibles) d'unir entr'elles les différentes navigations de la province, & par-là de rendre sa capitale le centre de la navigation du Royaume.

Dans la seconde Partie, j'entreprendrai de vous présenter quelques vues sur la marche à suivre pour vos travaux. Je ne m'en diffimulerai point l'étendue : je veux encore moins vous la diffimuler, Meffieurs ; mais elle ne rebutera pas une Adminiftration zélée, que la grandeur du bien à faire anime au lieu de décourager, elle n'effraiera pas une Adminiftration éclairée, qui voit toujours avec plaifir, dans le bien qu'elle fait, celui qu'elle prépare & qu'elle affure.

Il y a déjà plufieurs années que des circonftances particulieres m'ont mis à même de m'occuper de l'objet important qui fixe votre attention dans ce moment ; j'ignorois alors que j'aurois aujourd'hui l'avantage d'offrir à la province réunie, le tribut de mon zèle : mais je l'avouerai, Meffieurs, depuis que l'étude de cet objet intéreffant à fa profpérité eft devenue pour moi une obligation, depuis qu'animé par vos exemples je me fuis efforcé de juftifier, au moins par mon application, un choix qui flatte mon amour-propre & fatisfait mon cœur, mes vues fe font aggrandies, mes idées fe font rectifiées, & je fuis plus en état que je ne l'étois l'année derniere de vous préfenter un plan digne de votre examen. Il aura befoin, avant d'être réalifé, de recherches que le temps ne m'a pas permis de me procurer, & de renfeignemens qu'il vous fera facile de réunir avec le fecours de vos députés & correfpondans dans vos divers arrondiffemens. Bientôt cette province, qui fembloit ifolée, quoiqu'au milieu de toutes les autres, deviendra renommée par l'activité qui y régnera ; fa vivification fera votre ouvrage, & nous permettrons alors aux adverfaires d'un établiffement patriotique, digne du cœur paternel de LOUIS XVI, de demander de quelle utilité font les Adminiftrations provinciales.

PREMIERE PARTIE.

De la Navigation intérieure du Berri, & des Canaux à y ouvrir.

Je vous ai déjà obfervé, Meffieurs, que la nature avoit prodigué au Berri des reffources qu'une négligence finguliere ou un concours étonnant de circonftances avoit laiffées jufqu'ici infructueufes, les navigations projettées étant toujours reftées fans exécution, & les anciennes s'étant altérées ou perdues. L'*Evre* portoit autrefois bateau jufqu'à Bourges ; l'*Auron* étoit au moins flottable jufqu'à Dun-le-Roy, & le *Cher* jufqu'à Saint-Amand. Mais le moment eft arrivé, où fécondant toutes les reffources, comme le foleil féconde les germes de toutes les plantes, vous réunirez, Meffieurs, tous les moyens de vivifier la province, en multipliant fes communications par des routes néceffaires, & fes débouchés par des navigations utiles, & où vous ferez voir qu'aucun des objets qui intéreffent le bien public n'échappe à votre vigilance.

En effet, la province peut communiquer de Bourges au *Cher* à Vierzon, où il eft pleinement navigable, par le moyen de l'*Evre*, qui l'étoit autrefois, & de-là à la baffe Loire à Tours, Nantes & l'Océan; & vos chanvres (1), plus connus des marins, ou du moins leur parvenant plus facilement, pourront foutenir, pour les cordages ou pour les voiles,

_{Plan général de la Navigation intérieure du Berri.}

---

(1) Les chanvres du Berri font propres à faire des voiles & des cordages, & valent ceux de la feconde qualité du Nord, qui font employés concurremment avec ceux de première pour les befoins de la Marine.

la concurrence avec ceux du Nord, & contribuer au foutien & à l'éclat d'une marine puiffante.

Par des canaux de navigation vers la Loire, vous pouvez ouvrir à la province des débouchés vers Paris, Rouen, le Havre & la Manche, la Picardie, la Flandre, l'Angleterre, la Hollande, d'une part ; de l'autre vers la Saône, le Rhin & l'Allemagne, vers le Rhône, la Provence, la Méditerranée, l'Italie, enfin vers les provinces du fud-oueft de la France & le port de Bordeaux ; & par des navigations auffi utiles, communiquer avec la Charente & jufqu'au port de Rochefort dans l'Océan.

Et fi les jonctions dont je me propofe de vous parler, Meffieurs, peuvent être poffibles, ce que je n'ofe encore affurer, & ce dont un examen foigneux vous inftruira, la capitale de cette province deviendroit le centre de toutes ces navigations : mais quand même ces jonctions feroient reconnues impraticables, vous pourrez y fuppléer en partie, & il ne feroit pas moins intéreffant pour vous de vous occuper de la navigation d'une partie de l'*Arnon*, de la *Théols*, du *Cher*, de l'*Indre* & de la *Creufe*.

Mais, comme vous le fentez fans doute, la premiere jonction qui follicite vos foins, qui demande des travaux, eft celle qui doit unir le Berri à la Loire & à la Seine, & lui procurer vers la capitale & les principales villes commerçantes, des débouchés dont il eft privé maintenant.

De la navigation de l'Evre.

La premiere jonction à faire avec la Loire, eft celle qui joindra la baffe Loire par l'*Evre*, de Bourges à Vierzon. Il y a peu de tems, à ce qu'on affure, que cette navigation étoit praticable, & on peut aifément la rétablir ; les traces des éclufes exiftent encore, & même il paroît que

vous

vous pourrez concilier cette navigation avec l'exiftence de plufieurs ufines & moulins, en dédommageant les propriétaires de ceux que vous ferez forcés de détruire ; vous deffécherez des parties de prairies qui acquéreront plus de valeur ; &, en attendant de plus grands travaux, vous procurerez toujours à la province un premier débouché vers Nantes & l'Océan.

Le *canal du Berri* doit néceffairement avoir deux directions, l'une tendant vers le nord de la province & la Seine, & l'autre vers le midi & la haute Loire.

Du canal du Berri.

Ou plutôt ce canal fera compofé de deux canaux qui fe joindront à Bourges, & à qui je donnerai le nom de canal feptentrional & de canal méridional.

Mais quelle direction devez-vous préférer pour les canaux, en fuppofant, dans les différentes que je vais avoir l'honneur de mettre fous vos yeux, la poffibilité phyfique de raffembler une quantité d'eau fuffifante pour les faire adopter également.

Le *canal feptentrional* préfente un choix à faire entre plufieurs directions.

La premiere dont je crois devoir vous parler, Meffieurs, auroit fans doute de grands avantages, & capables de lui mériter la préférence fur toutes les autres, fi elle préfentoit la même poffibilité phyfique dans l'exécution ; mais en vous expofant ce projet, fait pour attirer l'attention que mérite tout ce qui tend à procurer plus d'activité à la province, & qui avoit formé l'objet de mes defirs, je ne vous cacherai point le fujet de mes craintes, accrues par la vue d'une partie du local, & les renfeignemens que je me fuis encore procurés depuis l'ouverture de vos féances. Votre zèle & votre fageffe fauront s'affurer fi les obftacles que je redoute, peuvent être furmontés, ou s'ils doivent faire renoncer à ce premier projet.

La direction qu'il préfente pour le canal feptentrional du Berri, fi de trop grands obftacles ne s'y oppofent pas, lui feront remonter le *Collins* jufqu'aux Aix & Morogues, d'où il iroit joindre la *Saudre*, qui paffe entre Neuilly & Neuvi-deux-Clochers, & de-là près de Boucard, pour remonter vers Sury-ès-Bois, point où devroit commencer fa jonction avec le *Nord-Yevre*, qui fe jette dans la Loire près de Gien, établiroit avec Paris une navigation réciproque, en portant, fans remonter la Loire, vers la capitale, toutes les denrées du Berry par le canal d'Orléans, & rapportant auffi, fans remonter ce fleuve, tout ce qui, venant de Paris ou des Provinces du nord qui y communiquent, feroit deftiné pour celle-ci, ou pour le midi de la France, avec qui la Loire n'offre qu'une communication difficile & momentanée, par fes baffes eaux fi fréquentes, & la difficulté de la remonter, & avec les provinces du fud-oueft, comme la Guyenne, la Gafcogne, le Bearn ; & fi l'on pouvoit diriger l'embouchure du *Nord-Yevre* vis-à-vis l'extrémité du canal de Briare qui arrive à la Loire, le canal du Berri en deviendroit une véritable prolongation. Mais le *Collins* prefqu'à fec en été, quoique torrent furieux en hyver, qui dégrade fes rives, fournit-il affez d'eau ? Peut-on en faire en hyver des Provifions qui rendent ce canal navigable au moins une grande partie de l'année ? Des entonnoirs qui femblent, dans certaines parties du cours du *Collins*, en abforber l'eau, font-ils tels qu'on y puiffe remédier ? Voilà, Meffieurs, ce que vous pourrez faire examiner avec foin ; car je ne regarderois pas comme un obftacle à ce canal, la néceffité de lui faire traverfer une portion de la Sologne, qui n'eft pas de votre généralité, mais de l'Orléanois; une utilité réciproque affureroit le concert que vous feriez en droit d'en attendre, & le foin que le Gouvernement prendroit de concilier les intérêts refpectifs des deux provinces.

Des autres directions, qu'au défaut de poffibilité de cette premiere vous pouvez adopter, & dont je m'efforcerai de balancer les avantages & les inconvéniens, de maniere à vous mettre à même d'entrevoir celle qui vous paroîtroit la plus utile, fauf à déterminer votre choix définitif, après les renfeignemens locaux qui vous feront donnés par vos Députés & vos Commiffaires des travaux publics, l'une fuivroit l'*Evre*, en la remontant jufqu'au point de fa jonction avec la *Choeftre* un peu au-deffous de Savigny, enfuite remonteroit cette derniere jufqu'au Pont d'Avor, l'étang de Bengy, les Murgées, & paffant au-deffous de Gron, au moulin de Bois-Mouffeau, iroit gagner, de la queue de l'étang de Chaillou, qui en eft voifin, celui qui eft auprès du petit Mafné, & par le ruiffeau qui en fort, fe dirigeroit dans l'étang de Ragnon, & delà vers Billeron, le moulin de la Mothe, la Ronce & le moulin de Mirebeau; & fuivant le cours de la *Vauvire* par le pont Galantin, l'Abbaye de Chalivoy, en paffant entre Saint-Bouife & Couargues, & laiffant enfuite à gauche Tauvenay & Ménétréol, vers la Loire, où le canal aboutiroit vis-à-vis des bois fitués fur la rive droite entre la Roche & Tracy.

La troifieme des directions qui m'ont femblé devoir vous être mifes fous les yeux pour le canal feptentrional du Berri, eft la même que la feconde de Bourges jufqu'à la jonction de la *Choeftre* avec l'*Evre* ou *Yevre*; mais à ce point vis-à-vis de Villebeuf, au lieu de se diriger vers Bengy, le canal remonteroit l'*Evre* près de Savigny, de Crosses, de Vornay, d'Ommery, gagneroit par *l'Azin* les étangs de Neronde, où la nature semble avoir placé un point de partage aussi avantageux qu'en présentent les étangs où doit être formé celui de Charolois (1), & de la queue du premier étang de Neronde, c'est-à-dire, du plus éloigné de Bourges, iroit gagner celui qui est près de Saint-Sylvain-des Averdines ; & passant près de Villequiers, de Berry & de Bougnoux, continueroit, en se dirigeant par Jussy & Sancergues jusqu'au moulin de Mirebeau, point d'où sa direction seroit encore, jusqu'à son extrémité dans la Loire, la même que celle du second projet.

Quels sont les avantages qui peuvent vous décider entre les deux directions opposées ? l'une est plus courte, & par conséquent présente moins de travaux ; mais c'est encore une question de savoir s'il ne vaut pas mieux qu'un canal ait un cours plus étendu, & qu'il vivifie plus de terrain ; d'ailleurs plus d'abondance d'eau, & sur-tout la ressource précieuse d'un point de partage, le plus avantageux que vous offre cette Généralité, me paroissent devoir vous faire pencher vers le troisieme projet.

Quelque direction que vous adoptiez, Messieurs, le canal Septentrional du Berri, non-seulement s'unira par la Seine à Paris, Rouen, le Havre, mais encore avec les navigations exécutées ou projettées, & par les canaux de Picardie (2), d'Artois, de Flandre, vous ouvrez au Berri

---

(1) L'étang du Long-pendu, qui, avec les étangs voisins, doit former le point de partage & les principaux réservoirs du canal de Charolois, qu'entreprennent MM. de Brancion.

(2) Le canal de Picardie commencé, celui proposé sans concert par M. le Prince de Robecq, Commandant en Flandre & Haynault, pour cette province & les voisines, & par plusieurs personnes qui se sont occupées de la navigation intérieure

des communications avec les Pays-Bas, la Hollande & l'Angleterre.

Le *canal méridional* du Berri doit, Meffieurs, procurer à la Province l'avantage précieux de l'unir à la haute Loire & à l'Allier ; & par ces rivieres lui affurer, d'une part, une communication intéreffante avec la Bourgogne, la Franche-Comté, l'Alface & l'Allemagne ; &, de l'autre, avec Lyon, le Dauphiné, la Provence, la méditerranée, l'Italie, & peut-être même avec Bordeaux, Bayonne & l'Efpagne. En effet, dès que vous aurez joint la haute Loire ou l'Allier, vous aurez établi une jonction avec le canal fi long-tems projetté de Charolois, dont le but eft de joindre la Loire à la Saône, & qui touche enfin au moment de fon exécution, & par la Saône au Doubs & à l'Ill, qui doivent être rendus navigables, & joindront le Rhin près de Bafle & Strasbourg (1), avec le fleuve qui traverfe l'Allemagne, & affure encore la communication avec la Hollande : la même riviere de Saône vous ouvre fur Lyon un débouché facile par le Rhône, qui vous en procure pour vos denrées un avantageux vers la Provence, qui ne récolte pas affez de grains pour nourrir fes habitans, & dans laquelle vous pourrez alors faire reverfer avec avantage pour elle & pour le Berri, l'excédent d'abondance qui eft fouvent à charge à cette province.

---

du Royaume, qui réunit peut-être encore plus d'avantages, & qu'il feroit utile d'exécuter, quand même l'autre s'acheveroit, opéreroient, avec le Berri ces communications.

(1) Par les projets dreffés fur cette communication, il paroît facile de joindre le Doubs au Rhin près de Bafle, pour unir la France à la Suiffe, & avantageux de fe fervir de la riviere d'Ill, qui tombe dans le Rhin à Strasbourg, pour former la communication avec l'Allemagne. M. de la Chiche, Ingénieur du Corps du génie, & M. Bertrand, Ingénieur des Ponts & Chauffées, s'occupent de ces projets, que le Gouvernement defire réalifer.

Cette portion de canal du Berri, que j'appelle canal méridional, peut encore être fusceptible de plusieurs directions. La navigation de l'*Auron* jusqu'à Dun-le-Roy, ou plutôt un canal formé suivant le cours de cette riviere étant commun dans les deux projets que je vais vous expofer, je me contenterai de vous rappeller qu'elle a depuis long-tems attiré les regards du Gouvernement, qu'on a projetté des travaux utiles fur les rivieres du Berri, fous le regne de Henri IV & le Ministère de Sully, qui vouloient dès ce tems vivifier cette province.

La premiere direction du canal méridional eft celle qui, en fuivant ce cours depuis Bourges (où les deux canaux fe réuniroient) jufqu'à Dun-le-Roy, le prolongeroit jufqu'à Bannegon, & plus près encore de la fource de l'*Auron* dans la forêt de Tronçais, de-là fe dirigeroit par Valigny-le-Monial, près duquel feroit le point de partage, & prenant les eaux de l'*Anduife*, & enfuite celle de la *Bioude* ou *Bieudre*, aboutiroit à l'Allier près du Veurdre; fe joignant à la Loire, vous auriez, Meffieurs, les avantages que je viens de vous expofer. C'eft ce projet dont je m'étois occupé d'après les renfeignemens précieux que M. Marcandier, citoyen de Bourges, m'avoit fournis; c'eft ce projet que M. le Baron de Marivetz, un de vos compatriotes, qui s'eft livré à en étudier les détails avec le plus grand zele, vouloit réalifer; c'eft celui qui avoit fait l'objet des vœux du dernier Prélat qui a gouverné ce Diocèfe (1), & qui fentoit combien il étoit important pour le Berri, à qui il avoit voué un véritable attachement, d'avoir une navigation intérieure, avantage que va lui procurer une Adminiftration préfidée

---

(1) M. le Cardinal de la Rochefoucauld.

par son successeur, à qui les intérêts de la province ne sont pas moins chers.

L'autre direction, la même jusqu'à Dun-le-Roy, dirigeroit ensuite le canal au moyen de deux petits ruisseaux dont on prendroit les eaux, & de celles que l'industrie sauroit y joindre, de l'*Auron* au *Cher*, à peu près vers Allichamps, formeroit de ce point un canal dans la direction du *Cher*, & suivant cette riviere jusqu'à Meaulne, prendroit les eaux de l'Aumonse & de l'Œil qui se jettent dans la Sioulle, rivieres du Bourbonnois dont la navigation est desirée dans cette province, & sur lesquelles il nous sera facile de nous concerter avec son administration, établie par les mêmes vues de bienfaisance que la nôtre, & animée du même zele. La Sioulle tombe dans l'Allier, & l'Allier dans la Loire; & avec un ou deux petits canaux (1), faciles à pratiquer en Bourbonnois, vous auriez une navigation plus directe avec le canal du Charolois, & une plus courte avec Lyon, dont le canal projetté du Beaujolois vous apporteroit ce qui seroit destiné au canal du Berri, à celui de Briare & à Paris. Mais ce n'est pas-là où se borne l'utilité de cette communication avec la Sioulle; les sources de cette riviere sont près de celle de la Dordogne, & cette communication pourra peut-être ouvrir par elle une jonction avec Blaye, Bordeaux, & par un canal, aussi projetté en Guyenne, qui doit gagner l'Adour, avec le port de Bayonne & l'Espagne.

---

(1) Ces canaux, destinés à joindre en Bourbonnois l'Aumonse & l'Œil à la Sioulle, & par cette riviere à l'Allier & la Loire, seroient formés par la Bouble qui tombe dans la Sioulle; & la Bebre, ainsi que le Toulon pourroient servir à joindre l'Allier à la Loire, & peut-être même à unir la Sioulle à l'extrémité du canal du Charolois.

Ces avantages réunis vous feront peut-être pencher pour cette seconde direction, d'autant qu'elle en a de communs avec la premiere qui sont les plus importans, celui d'ouvrir sur Bourges & Paris, sur Lyon, des débouchés faciles à vos grains, à vos fers, à vos bois dont le canal traverseroit une grande quantité, d'unir les deux mers par le centre du Royaume, par votre Capitale, & qu'elle présente de plus la réunion avec la Dordogne qui paroît trop intéressante pour ne pas devoir attirer votre attention, si elle est praticable.

Comme dans les deux projets l'*Auron* (1) doit faire partie du canal méridional, je ne traiterai pas séparément ce qui regarde son cours, mais voici le moment de vous parler des rivieres affluentes à l'*Evre* ou au canal. Ces rivieres sont, l'*Arnon* (2) qui se jette dans le *Cher* au-dessous de Vierzon; la *Théols* qui se joint à l'*Arnon* près Lazenay; le *Cher* à le prendre de Vierzon en remontant jusqu'à la Magdeleine-des-Buis, Châteauneuf & au-dessus.

De l'Arnon & la Théols.

Vous avez, Messieurs, des mémoires de MM. Heurtault de Bagnoux & Depuy Saint-Cyr, sur la navigation de la

---

(1) L'Auron semble devoir faire partie des deux projets du canal méridional, & alors sa jonction avec le canal septentrional, par un canal de communication de Dun-le-Roy à Blet, seroit utile ; mais si l'on trouvoit des raisons d'épargner les travaux de l'Auron, on pourroit par cette jonction ne rendre l'Auron navigable que de Dun-le-Roy au Veurdre, ou n'exécuter que sa jonction avec le Cher, ou exécuter les deux en renonçant à la navigation de l'Auron de Dun-le-Roy à Bourges.

(2) Cette riviere étant parallele au Cher & à l'Auron, on croit que sa navigation, dans sa partie supérieure, ne seroit pas d'une grande utilité ; mais on pense qu'on peut, dans sa partie inférieure, la faire servir avec avantage à joindre le Cher à la Théols, & à opérer, autant qu'il sera possible, la réunion des différentes portions de navigation de la province.

Théols

Théols qu'on a déja projetté de rendre navigable, & dont les eaux peuvent aisément former un canal propre à communiquer dans tous les temps au *Cher*, au-dessous de Vierzon, & peut-être capable d'opérer la jonction de toutes les parties de la navigation intérieure du Berri, ce qui rend indispensable de ne pas se borner pour cette riviere à une simple navigation, comme cela suffirà pour les portions des autres rivieres qui ne formeront point le grand canal de la province ; mais comme les travaux de l'*Arnon* & de la *Théols* ne seront pas probablement la premiere de vos opérations, vous aurez le tems de vous procurer tous les détails dont vous croirez avoir besoin à cet égard.

Je passe au *Cher*, que vous savez, Messieurs, que Colbert vouloit rendre navigable, & qu'on prétend qui peut, malgré ses sables, le devenir au moins pendant quelques mois de l'année de même que la Loire l'est actuellement, & qui paroît avoir été, il n'y a pas encore bien long-tems, au moins flottable jusqu'à Saint-Amand. Une chose qui seroit aussi facile qu'avantageuse, seroit au moins de le rendre pleinement navigable de Vierzon jusqu'à la Magdeleine-des-Buis, où il l'est déja en partie ; la navigation entiere du *Cher* procureroit un débouché vers la basse Loire aux mêmes cantons du Berri, à qui le canal que j'appelle méridional en ouvriroit vers la haute Loire, la Saône & le Rhône (1).

Du Cher.

(1) Les environs de Dunleroy, de Saint-Amand, &c. trouveroient dans la navigation du Cher, un débouché pour leurs denrées vers la basse Loire, tandis que le canal formé, soit par l'Auron, soit par la jonction du Cher à l'Auron & à l'Evre, leur fourniroit un débouché sur la Seine ; & la communication à l'Allier par l'Auron, la Bioude, ou par l'Aumonse, l'Œil & la Sioulle, les feroit communiquer à la haute Loire, à la Saône & au Rhône.

C

Si des obstacles se rencontroient au projet de diriger le canal par la portion du Cher, d'Allichamps à Meaulne, il faudroit toujours prolonger la navigation du *Cher* jusqu'à Saint-Amand & Meaulne, où cette riviere joint l'Aumonse, qu'il sera toujours de l'intérêt du Bourbonnois de rendre navigable.

Il me reste encore, Messieurs, à vous parler des rivieres dont la partie occidentale de cette province desire la navigation.

De l'Indre. L'*Indre*, qu'il seroit à propos de rendre navigable jusqu'à la Châtre, dans tout son cours, qui de cette ville se dirige vers Châteauroux, Buzançois & Châtillon appellé sur Indre, pour le distinguer d'autres lieux du même nom situés sur d'autres rivieres : cette navigation formera encore une communication avec la basse Loire, pour les pays qu'elle arrose, & faciliteroit le desséchement d'un territoire précieux, propre à multiplier vos laines par de meilleurs pâturages, & vos chanvres.

De la Creuse. La *Creuse* est une des rivieres de cette province la plus facile à rendre navigable, depuis le point où elle cesse de l'être jusqu'à Argenton. Son cours, comme vous le savez, Messieurs, la conduit à Saint-Gauthier & au Blanc, d'où, aux limites les plus voisines de cette Généralité, elle passe auprès de la Roche-Pozay dans la Vienne qui communique encore avec la basse Loire. Mais ce qui doit sur-tout vous rendre précieuse la navigation de cette riviere, c'est la possibilité de sa jonction par la Vienne & le Clain qui passe à Poitiers, à la Charente, ce qui ouvriroit au Berri un débouché dans le Poitou, le pays d'Aunis, une communication par eau avec Rochefort ; que cette derniere riviere, jointe par la Tude à la Dordogne, prolonge la navigation fur Blaye & Bordeaux, & par le canal qui doit joindre l'Adour avec Bayonne & l'Espagne ; que d'ailleurs, dans le cas où le Bourbonnois se refuseroit aux utiles travaux de navigation de l'Aumonse & autres rivieres communiquantes à l'Allier, vous trouveriez peut-être quelques moyens de joindre directement la *Creuse* & la Dordogne.

Je n'ai négligé, Messieurs, de mettre sous vos yeux aucune des navigations qui m'ont paru mériter vos regards, vos soins & vos travaux ; elles me paroissent suffisantes pour opérer la prospérité du Berri, à laquelle en même-temps aucune ne me paroît être inutile. *De la réunion de diverses Navigations.*

Mais il me reste à former un vœu, que je desire qui se change en espérance fondée, c'est que vous puissiez réunir ces diverses navigations dans la capitale de la province, unir par elle le Rhin & la Loire à la Garonne, l'Océan à la Méditerranée.

Il faut donc examiner si l'on peut de Bourges, c'est-à-dire, de la partie du canal méridional formé par l'*Auron*, le plus près de cette ville qu'il sera possible, ouvrir un petit canal qui, se dirigeant sur le ruisseau qui passe à Morthimer, & en prendroit les eaux jusqu'à la Magdeleine-des-Buis, longeroit le Cher jusques vis-à-vis l'embouchure du ruisseau de Fond-Moreau, & continueroit, en en prenant les eaux dans le lit qui lui seroit creusé dans les bois de Charost vers Limeux & Lazenay, près du parc de la Ferté, le canal formé par l'*Arnon*, dont il seroit nécessaire de tirer des eaux pour en donner un volume suffisant au canal de jonction depuis la Ferté au *Cher*, de même qu'on en tire-

C ij

roit de l'*Auron* pour former celui de l'abord de Bourges au *Cher*. Vous concevez à préfent, Meffieurs, pourquoi je regarde comme effentiel que la *Théols* forme un canal, c'eft pour la faire fervir en même-temps de communication avec le canal formé par l'*Auron* & avec les navigations de l'*Indre* & de la *Creufe*, & dont on fent trop les avantages pour que je perde du temps à vouloir les développer; le cours de ce canal joindroit celui de la *Théols*, en la remontant jufqu'à Iffoudun & Brives, fe dirigeroit jufqu'à vers Sacierges, d'où on continueroit, fi on ne trouvoit point d'obftacles infurmontables, jufqu'à Saint-Vincent d'Ardentes (1), où la jonction avec l'*Indre* s'opéreroit, & enfuite pourfuivroit à peu-près dans la même direction jufqu'à la *Boufanne*, qui fe jette près de Saint-Gaulthier dans la *Creufe*.

Voilà, Meffieurs, ce qui eft à defirer qui foit poffible, & dont vous avez à examiner la poffibilité, ce à quoi vous devez tendre fi elle exifte. L'exécution de ces vues fera le complément des travaux & du fuccès de la navigation intérieure du Berri, &, je ne crains pas de le dire, de tout le Royaume, dont la ville de Bourges deviendroit le point central, de même qu'elle va le devenir des communications par terre, lorfque les chemins que vous projettez feront achevés. Mais fi la nature fe refufe à vos defirs, contentez-

---

(1) On pourroit avec plus d'avantage, fuivant l'avis de quelques Citoyens de cette Province, dont les renfeignemens font parvenus à l'Auteur de ce Mémoire au moment où il alloit en faire la lecture, diriger la navigation d'Iffoudun à Saint-Vincent-d'Ardentes, par Neuvy-Pailloux, Sainte-Faufte, Diors : un étang & plufieurs fources leur font croire que cette direction feroit avantageufe, mais d'autres perfonnes y trouvent des obftacles. C'eft fur quoi l'Adminiftration, lorfqu'elle fera dans le cas d'étendre fes travaux dans cette partie, pourra s'éclairer.

vous des reſſources précieuſes qu'elle vous aura offertes dans des rivieres dont elle vous invite à vous ſervir pour le bien de la province, & bornez-vous à remédier à l'impoſſibilité des travaux que vous vouliez réaliſer, par des chemins & des ports qui peuvent y ſuppléer en partie.

Dans le cas où le plan de jonction deſirable ne pourroit être exécuté, on peut établir des ports à Bourges, Iſſoudun & Brives, ou Saint-Vincent-d'Ardentes, & ſur la *Bouſane* vis-à-vis Arthon. Si le petit canal de Bourges ou de l'*Auron* à-Morthimer, Fond-Moreau & Lazenay ne peut avoir lieu, on ſe ſerviroit de la grande route de Bourges à Iſſoudun pour en gagner le port, où l'on embarqueroit d'une part ce qui venant de Bourges, ſeroit deſtiné pour l'*Indre*, la *Creuſe* ou la Charente ; & de l'autre ce qui venant de *l'Indre* ou de la *Creuſe*, ſeroit deſtiné pour Bourges ou le canal de Briare.

Si pareillement la petite portion du canal de Sacierges à la *Bouſane* étoit reconnue impraticable, le port de Brives ou celui de Saint-Vincent-d'Ardentes, ſuivant le point où l'on ſeroit obligé de le terminer, deviendroit néceſſaire, & on feroit un chemin de ce port à la *Bouſane* vis-à-vis Arthon, où ſeroit le port correſpondant. Quoique la néceſſité de ces deux chemins obligeât à un double débarquement & à un double rembarquement fâcheux, interrogez les Commerçans, Meſſieurs, & ils vous répondront que, même malgré de pareils inconvéniens, les navigations ſont infiniment plus avantageuſes que les plus belles routes, les communications par terre les plus commodes & les plus faciles.

Au reſte vous pourrez, Meſſieurs, ſur cette jonction, vous procurer à loiſir tous les renſeignemens néceſſaires, d'après la marche que vous adopterez, & ſur laquelle je me propofe de vous développer dans la feconde partie de ce Mémoire, les idées dont j'offre l'hommage à votre zele, ainfi que celles que je crois propres à affurer le fuccès d'un plan de navigation auffi intéreffant pour la Province & auffi utile à l'Etat.

SECONDE PARTIE.

De la marche à fuivre pour l'exécution du plan de Navigation intérieure du Berri, des moyens & des reffources.

Vous avez vu, Meffieurs, le tableau d'une navigation propre à vivifier le Berri, à contribuer à la profpérité générale du Royaume. Cette province, dans fon état actuel, eft, pour ainfi dire, encore ifolée, quoiqu'au centre de la France, tandis que fa pofition femble la deftiner à être le nœud, le lien de toutes les provinces qui compofent le Royaume : auffi Sa Majefté, en jettant fur elle un regard de préférence, en lui accordant, avant toutes, le bienfait d'une Adminiftration paternelle, a fans doute entrevu fes reffources en même tems qu'Elle a été touchée du befoin qu'elle avoit de les mettre en activité; mais plus la pofition centrale du Berri multiplie fes moyens de vivification, plus elle augmente la fomme des travaux en navigations comme en routes, plus elle exige & mérite du Gouvernement des fecours puiffans. Lorfque la paix, en rendant inutiles les efforts qu'entraîne une guerre difpendieufe, permettra d'appliquer au bonheur de l'Etat une portion des fonds que la dignité de la Couronne doit à fa défenfe, à fa gloire, au defir même d'une paix prompte & folide, pour lors nous réclamerons avec confiance, nous demanderons avec succès les secours efficaces qui accéléreront des travaux que notre zele nous aura fait entamer au milieu de la guerre, à l'exemple de notre jeune Monarque qui, malgré les soins qu'exigent de lui les affaires politiques, porte un coup d'œil vigilant sur tous les objets de législation ou d'administration où il trouve à faire des réformes qui peuvent tendre à la félicité de ses sujets : alors nous aurons lieu d'espérer que les bras des Militaires, après avoir soutenu la gloire de nos armes, assuré la tranquillité de nos frontieres ou de nos côtes, s'honoreront de contribuer à la prospérité générale. N'allons point, pour justifier nos espérances, chercher l'exemple des armées Romaines : Henri IV. destinoit aux canaux du Royaume, qu'il projettoit, les troupes qui avoient affermi son trône; nous avons vu nos Bataillons ouvrir & achever avec succès le canal d'Artois, & ces Militaires instruits s'empresseront de partager leur tems entre l'étude des sciences militaires & des travaux qui fortifient le soldat en le rendant utile.

Mais quelle marche devons-nous suivre dans nos travaux ? Quels sont nos moyens pour les commencer ? nos ressources pour les continuer ? Je me suis imposé, Messieurs, l'obligation de vous présenter mes vues sur ces détails importans.

Vous avez des travaux à faire, des renseignemens à réunir, des fonds à assurer.

Je pense, en supposant toujours la possibilité physique de réaliser le plan de navigation intérieure du Berri que j'ai eu l'honneur de mettre sous vos yeux, que la premiere opération qui doit vous occuper, est de rétablir sans délai la communication de Bourges au *Cher* près de Vierzon, par le moyen de l'*Evre*, à qui vous rendrez son ancienne navi- *Des travaux à faire.*

PREMIERE OPÉRATION.
Navigation de l'Evre.

gabilité: cette opération peu difpendieufe, & qui peut être terminée en peu de tems, ouvrira un premier débouché à la province vers la baffe Loire.

<small>DEUXIEME OPÉRATION. Canal du Berri.</small> Mais vous fentez, Meffieurs, l'importance d'établir une communication entre la province & la Seine, d'ouvrir à vos denrées un débouché précieux vers la capitale : votre feconde opération doit donc être, à ce qu'il me femble, le canal du Berri, & principalement la portion de ce canal que j'appelle feptentrional, & qui fera jouir cette Généralité des avantages confidérables que le canal de Briare procure aux pays qu'il traverfe. Mais vous trouverez peut-être qu'en faifant vos efforts pour unir ce canal à celui de Briare, plus ou moins loin de fa jonction dans la Loire, vous ne devez pas négliger d'examiner ce qui concerne la partie méridionale, & vous appercevrez fans doute que le canal du Berri peut être à la fois entamé dans fes deux portions ; j'ofe croire que, malgré la plus grande maffe de travaux que ce parti entraîneroit, c'eft celui qui feroit le plus digne de votre zele. En l'exécutant, vous ranimerez toutes les portions de la province ; vous procurerez à une quantité immenfe de bois, aux fers, aux grains, des débouchés multipliés vers le nord & le midi de la France ; vous redonnerez au commerce du Berri une nouvelle activité, & rendrez à fa capitale fon ancienne fplendeur qui lui fera d'autant plus précieufe, qu'elle ne la devra qu'au bien être de la province entiere. Plus vous vous déterminerez à des projets dignes de vous, plus vous aurez droit aux fecours du Gouvernement ; plus vous vous occuperez de vivifier les divers cantons de la province, plus vous aurez lieu d'efpérer les efforts de vos concitoyens. Ainfi, en commençant d'opérer par la portion feptentrionale du canal

du

du Berri, vous pouvez en même-tems travailler à la portion méridionale de Bourges à Dun-le-Roi, si vous décidez après un mûr examen de rendre l'*Auron* navigable, ou entamer les travaux de Dun-le-Roi au Veurdre, ou ceux de Dun-le-Roi à Meaulne, si vous vous déterminez par de solides raisons pour l'une ou l'autre de ces directions. J'espere d'ailleurs, Messieurs, vous faire entrevoir vos ressources, vous faire connoître les secours que vous pouvez attendre de la Province, & qui, sans la surcharger, vous fourniront de grands moyens, & de grands droits à la protection & à l'aide du Gouvernement.

La troisieme opération à laquelle je crois instant de se livrer dès que vous aurez, ou déterminé le canal du Berri, ou assuré sa confection en vous ménageant encore la facilité de suivre des travaux moins dispendieux, des simples navigations de rivieres qui ne font point partie du grand canal, est la navigation de la *Creuse*, que je regarde après comme une seconde base de votre navigation intérieure ; puisque par elle vous ouvrez une nouvelle communication vers l'Océan, & pouvez peut-être encore vous en servir pour celle des ports de Bordeaux & de Bayonne.

<small>Troisieme Opération. Navigation de la Creuse.</small>

La navigation du *Cher* & celle de l'*Indre* viennent après, à moins que des ressources extraordinaires ne vous mettent à même de les faire concourir avec les travaux de la Creuse.

<small>Quatrieme Opération. Navigation du Cher & de l'Indre.</small>

Le *Cher* (1) présentera peu de travaux, si d'ici à cette époque, avec les secours des riverains, vous l'aviez rendu

---

(1) L'on assure que le Gouvernement veut entamer des travaux sur le Cher, pour procurer un débouché à une grande portion de la forêt de Tronçais ; la province en sollicite depuis long-tems les coupes ; elle pourroit s'obliger aux mêmes travaux, les rendre plus utiles, & cet objet paroit mériter toute son attention.

D

pleinement navigable jufqu'à la Magdeleine-des-Buis, & fi vous aviez amené jufqu'au *Cher* le canal méridional du Berri : il me femble que vos travaux doivent être concertés de maniere que la navigation du *Cher* remonte jufqu'à ce point de jonction, lorfque vous y arriverez par la portion du canal deftinée à joindre l'*Auron* au *Cher*.

Quant à l'*Indre*, fa navigation doit commencer du point où cette riviere ceffe d'être navigable, & remonter fucceffivement vers fa fource jufqu'au point où vous deftinerez d'établir fa navigation.

CINQUIEME OPÉRATION.
Canal de la Théols, & jonction du grand canal au Cher, à l'Indre & à la Creufe.

Enfin, le canal formé par l'*Arnon* & la *Théols* depuis Lazenay jufqu'à Brives, ou plus loin des deux côtés, s'il fe peut, la jonction de la *Théols* à l'*Auron* ou canal méridional près de Bourges, d'une part, s'il eft poffible, finon au *Cher* à la Magdeleine-des-Buis ; & de l'autre, la jonction du canal de la *Théols* avec l'*Indre* & la *Creufe*, ou au moins avec les ports & les chemins deftinés à fuppléer aux portions de navigations reconnues impraticables, femblent devoir terminer vos travaux.

Recherches à faire.

Pour affurer la poffibilité phyfique de l'exécution, & vous procurer les renfeignemens qui vous détermineront fur les diverfes directions qui vous font propofées, vous avez, Meffieurs, à connoître & à conftater l'étendue des navigations, la largeur & la profondeur des rivieres, les eaux qu'on peut raffembler dans les points de partage, les reffources de l'art qui fait aujourd'hui faire contribuer jufqu'à l'excédent de la pluie qui tombe fur la terre, à rendre poffibles des portions de navigations impraticables fans ce fecours, les ufines que vous ferez forcés de détruire, ou que vous pourrez conferver. Tous ces renfeignemens peuvent vous être donnés par vos Députés & vos Correfpondans ; d'après les inftructions que vous leur donnerez à cet égard. Dès cette affemblée, vous pouvez guider ces recherches, & pouvez déterminer celles qui feront le commencement des travaux qu'entrainera le vafte plan d'une navigation intérieure ; & c'eft ce dont je me flatte de vous convaincre, en jettant un coup d'œil fur vos moyens & vos reffources.

Vous êtes convaincus, Meffieurs, de l'importance dont eft une navigation intérieure pour la profpérité générale de la province ; de l'utilité dont elle doit être pour l'amélioration des propriétés particulieres ; vos defirs voudroient la réalifer. Vous en montrer les moyens, en vous développant l'étendue de vos reffources, eft un hommage dû à votre zele. Moyens & reffources.

Vous allez trouver, Meffieurs, dans la méthode que vous avez adoptée pour vos travaux publics, une économie précieufe. Vous pourrez peut-être la partager en deux portions, l'une deftinée à foulager la province, l'autre à jetter les fondemens d'une nouvelle branche de vivification. Vous avez lieu fans doute d'efpérer du Gouvernement, comme un nouveau témoignage de fa bonté pour cette province, la permiffion de difpofer pour fon bien, qui n'eft pas étranger au bien général, de votre contribution au fonds de la navigation intérieure du Royaume ; & peut-être en offrant à Sa Majefté de l'augmenter pendant un certain nombre d'années, obtiendrez-vous d'Elle, pour le même tems, un fecours proportionné à vos efforts : ce moyen affureroit le fuccès de vos vues, & le revenu annuel qu'il vous procureroit vous faciliteroit les travaux que vous defirez entreprendre. Les contributions des riverains, qui, en cas de befoin, pourront y être réunies, vous mettront à même de les continuer & de les étendre, foit par vous-mêmes, foit en en chargeant des Compagnies folides & honnêtes à qui vous pourriez abandonner pour un temps limité les fecours du Gouvernement & les contributions générales de la province, ainfi que celles des riverains, qui, en les payant, ne feront réellement qu'une avance dont ils retireront le capital avec un profit réel, qu'on peut même n'exiger d'eux qu'à des époques où ils commenceront déja à jouir en partie des avantages de la navigation à laquelle ils auroient contribué. Vous pourriez encore avoir une grande reffource pour les travaux de votre navigation intérieure, dans les coupes de la forêt de Tronçais, qui peuvent vous être concédées avec avantage pour le domaine du Roi & utilité pour l'Etat; fi Sa Majefté daigne les accorder à votre demande. Vous concevez, Meffieurs, qu'en vous indiquant comme moyen une contribution extraordinaire des riverains, une fois payée, pour les ouvrages des portions de navigation qui feroient réalifées, j'ai l'honneur de vous propofer de la faire acquitter en plufieurs années pour en rendre la perception moins onéreufe, de la proportionner au profit & à la diftance des propriétés des contribuables, de la navigation, pour en rendre la répartition plus équitable. Vous avez encore une reffource que vous pouvez employer, qui eft plus permanente en même temps que moins confidérable, celle d'une légere contribution fur tous les arpens de bois en coupes reglées, proportionnée à l'âge de leur coupe; & vous la trouverez d'autant plus convenable que les bois font une des natures de propriété dont les canaux augmentent le plus la valeur; les ventes des futaies peuvent vous en préfenter encore une, & fi une taxe vous paroît avoir des inconvéniens, au moins devez-vous efpérer du zele des propriétaires des

futaies

futaies qui feront vendues, des contributions volontaires peut-être au-deſſus des taxes que vous leur impoferiez, & l'accélération des navigations qui les avoifinent, les dédommagera amplement de ce premier tribut de leur générofité.

Commençons donc, Meſſieurs, ces travaux intéreſſans; méritons, comme une récompenfe des premiers avantages que nous en aurons retiré, les reſſources propres à les étendre, les premiers fecours du Gouvernement, les efforts de la province: l'utilité de ces premiers travaux les multipliera, fur-tout lorfque la paix permettra au Monarque qui nous gouverne, de porter fur la navigation intérieure du Royaume, le coup d'œil d'une protection créatrice; lorfque Louis XVI, fentant que fi le feul canal de Languedoc, utile aux provinces méridionales, a fait époque fous le regne de Louis XIV, les grandes routes fous Louis XV, la perfection de la navigation intérieure de toute la France en fera une encore plus glorieufe dans les faftes de fon regne, lorfqu'il reconnoîtra fur-tout que les travaux qu'il ordonnera, qu'il favorifera, font un des plus puiſſans moyens d'opérer le bonheur de fes peuples, qui fait le but de fes vœux les plus chers.

EXPLICATION
DES PROJETS DE NAVIGATION INTÉRIEURE
POUR LE BERRI.

Les divers Projets de navigation pour le Berri, consistent dans ce qui suit :

I. A rendre à l'Evre, depuis Bourges jusqu'à Vierzon, son ancienne navigabilité.

II. A former, de Bourges à la Loire, un canal qui procure en même tems au Berri un débouché facile vers la Capitale, soit 1°. par le Collins, la Saudre & le Nord-Yevre; ou 2°. par l'Evre, la Choeftre & la Vauvire; ou enfin 3°. par l'Yevrette, les Etangs de Nerondes & la Vauvire.

Et à communiquer à l'Allier & à la haute Loire, soit 1°. par l'Auron, l'Anduife & la Bioude ou Bieudre; soit 2°. par l'Evre joint à l'Auron, l'Auron, l'Anduife & la Bioude; ou 3°. par le Cher, l'Aumonfe, l'Œil, & de-là la Sioulle, en Bourbonnois.

III. A rendre la Creufe navigable, au moins jufqu'à Argenton.

IV. A rendre le Cher navigable jufqu'à Saint-Amand ou Montluçon.

Et l'Indre jufqu'à la Châtre, & au-deffus s'il eft poffible.

V. A unir les différentes navigations par le moyen de l'Arnon, de la Théols, de divers ruiffeaux & de petits canaux à creufer.

Nota. *L'on a marqué fur cette Carte la totalité des Moulins ou Ufines, les Ports exiftans & les petits Ports à faire relativement aux travaux de la navigation intérieure, afin qu'elle pût être plus utile pour l'exécution des Projets qui feront réalifés.*

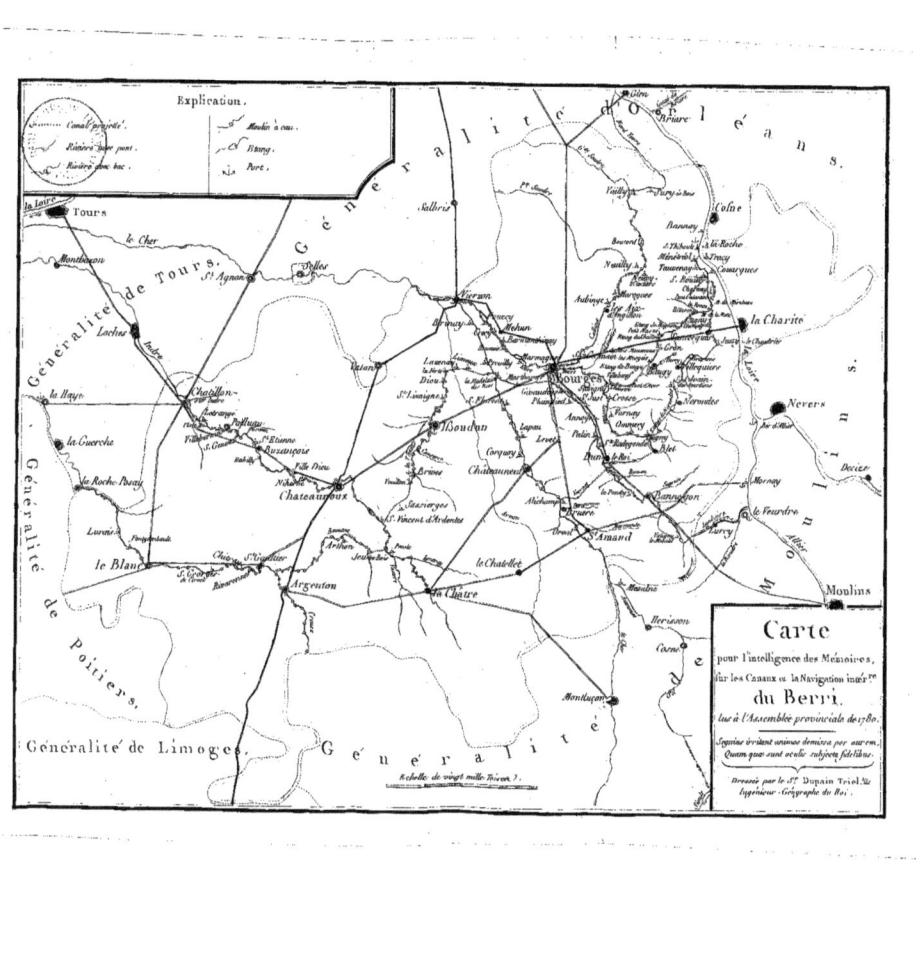

www.ingramcontent.com/pod-product-compliance
Lightning Source LLC
Chambersburg PA
CBHW061014050426
42453CB00009B/1428